COLEÇÃO   POP FILOSOFIA

n-1

ORGANIZAÇÃO DA COLEÇÃO
MARCIA TIBURI

POP FILOSOFIA
MARCIA TIBURI

7	A filosofia é um problema filosófico
21	A história da filosofia como questão
27	A colonização interna da filosofia
33	Uma filosofia pop da cultura
39	O problema da forma e do conteúdo
45	Os conteúdos desprezados
51	Deleuze e o devir pop da filosofia
63	Para além da filosofia bancária
67	Uma filosofia viva
71	Referências bibliográficas

A FILOSOFIA É UM PROBLEMA FILOSÓFICO

"Há um devir-filósofo que não tem nada a ver com a história da filosofia e passa, antes, por aqueles que a história da filosofia não consegue classificar."
GILLES DELEUZE, *Diálogos*

Cada época exige algo do pensamento articulado ao qual se deu o nome de filosofia. Às vezes é a crítica, às vezes a racionalidade, às vezes uma mudança de paradigma, às vezes o elogio da loucura, a defesa da esperança, da sensibilidade ou até mesmo o silêncio. Em todos os casos, o que possa vir a ser filosofia se constrói diante de desafios concretos e acaba por representar um problema para o próprio campo e para todos os seus envolvidos.

Imensuráveis são os esforços autoritários para acabar com a filosofia. Por exemplo, sua retirada das escolas brasileiras por meio do apagamento curricular é uma estratégia astuciosa. O ensino de jovens, crianças e adultos precisa da filosofia enquanto área na qual se aprende a pensar, o que se faz a partir de diversos métodos. Ao mesmo tempo, a ausência da filosofia como reflexão cuidadosa nos espaços de produção da cultura – como são os meios de comunicação – ou mesmo a carência de políticas públicas de fomento à pesquisa – e os frutos que dela poderiam surgir, em termos de métodos e materiais didáticos – são instauradas de modo sistemático em sociedades autoritárias. Nessas sociedades, a palavra democracia é usada como fachada e a educação é manipulada com vistas à reprodução do sistema. Somente a filosofia poderia mostrar como isso se desenvolve, e por isso mesmo é essencial mantê-la inofensiva ou aniquilá-la de vez.

Apagar a filosofia e o pensamento reflexivo que deveria caracterizá-la é um projeto organizado. O principal braço desse projeto é a indústria cultural que, muito além de significar a produção de entretenimento para as massas, é produção de linguagem voltada aos fins do esvaziamento da subjetividade. Ou seja, trata-se de uma indústria de lavagem cerebral composta por dispositivos de poder pautados pelo sistema de opressão, que por sua vez manipula os meios de produção da linguagem. Esta, interiorizada num estágio anteriormente precarizado, é reproduzida em cada indivíduo manipulado e transformado em meio, ou seja, coisificado como um objeto útil à sustentação do jogo que também é uma armadilha pela qual se visa a tornar o indivíduo submisso e dócil.

Enquanto campo, a filosofia deveria poder libertar a consciência individual e ajudar na formação de uma sociedade mais justa e feliz. Isso aconteceria ao se opor à produção de discursos prontos da indústria cultural, mas infelizmente não é isso o que acontece com o tipo de produção linguística que constitui a filosofia. De fato, a filosofia que poderia constituir diálogos em oposição a discursos transformou-se ela mesma num discurso. Essa oposição entre diálogo e discurso está no cerne do que podemos chamar hoje de filosofia, em geral, e de filosofia pop, mais especificamente. Tendemos a aceitar que a filosofia é mais uma tradição do que uma experiência, mais um campo de estudos do que um acontecimento, mais um conteúdo cultural do que um processo de reflexão. Ora, a filosofia padece sob uma imagem complexa e enrijecida, a do velho filósofo homem lendo à luz de uma vela. Talvez a filosofia pop possa nos ajudar a desfazer essa imagem e toda a história que está por trás dela.

Tendo isso em vista, o que tem sido chamado "filosofia pop" desde os anos 1970 é um fenômeno complexo. Nascida no ápice da indústria cultural do século XX, que engolfou também a vida intelectual e fez dela mais um objeto no mercado do entretenimento, a filosofia pop é uma proposta difícil de entender em um primeiro momento. A dificuldade reside na impressão de que ela seria uma degeneração da filosofia acadêmica, uma simplificação e uma facilitação, ou mesmo uma tradução do pensamento complexo para as massas. A velha pergunta sobre a possibilidade de levar a filosofia à vida cotidiana não é apenas mal colocada, mas sem sentido, traduzindo o desentendimento que situa mal a filosofia no mundo. Somente a filosofia pop, enquanto uma saída da filosofia proposta pela filosofia, é capaz de trazer luz a tal estado de coisas.

Antes de seguir, é bom deixar um problema em cena: se a filosofia pop nasce em uma cultura que destrói o pensamento reflexivo e, no entanto, dialoga com ela, o que de fato se pode esperar dela?

Devemos começar entendendo que filosofia pop é um termo complexo. Podemos falar sobre seus vários sentidos. Um deles diz respeito ao acordo entre certa produção intelectual e a indústria cultural, à certa contemporização com o sistema que transforma a tradição filosófica em mercadoria, seja nas universidades, enquanto fábricas do saber/poder, seja nos meios de comunicação, enquanto um mercado de mistificação e desinformação. Em outro sentido, a filosofia pop diz respeito ao enfrentamento da indústria cultural em nome de um pensamento livre, criativo e capaz de levar impulsos questionadores às últimas consequências, isento de amarras formais e entregue a potencialidades.

Um dos sentidos vulgares do pop em filosofia mais mencionados se opõe a certo pop epistemológico, pouquíssimo conhecido, pois implica uma proposição nova em filosofia tanto em nível formal quanto em nível de conteúdo. Na impossibilidade de unificar as veiculações da filosofia, cabe perguntar se a forma pop poderia libertar potenciais da reflexão filosófica atrofiados pela burocracia institucional – ela mesma inserida num sistema de produção, o capitalista –, em que abuso e humilhação fazem parte do jogo de reprodução de ideias prontas, ou se ela seria apenas a edulcoração do sistema de reprodutibilidade do pensamento vigente há séculos – ou melhor, milênios, se levarmos em conta a filosofia greco-latina, na qual a palavra *filosofia* surgiu da junção das palavras *philia* e *sophia* e que pode ser traduzida como "amizade em torno do saber", algo como "a comunidade em busca do saber". A filosofia teria sido uma forma de se viver com os pitagóricos antes de ter se transformado em um mercado de ideias de homens que vendem a neutralidade.

Outro modo de olhar para o problema envolve perguntar se a filosofia pop acobertaria a catástrofe da aniquilação do pensamento reflexivo em curso nas sociedades autoritárias, ou se ela seria uma camuflagem da filosofia sobrevivente. Pois, de fato, algo que pode ser chamado de filosofia segue vivo.

Tendo tal pergunta como pano de fundo em um cenário pessimista de fracasso do pensamento reflexivo, vale explorar o significado do pop. Percebendo a multiplicidade do termo, o pensador brasileiro Charles Feitosa[1] nos ajuda a compreender o que está em jogo. Feitosa criou uma classificação para o pop ("pop I" e "pop II") e sugeriu a existência de outras possíveis. Ou seja, o pop não seria um acontecimento estanque, mas um processo ligado à invenção ou à produção do pensamento.

A pergunta que surge nesse contexto diz respeito justamente à produção. O que quer que seja a filosofia pop, ela põe em jogo não apenas o "ser" da filosofia, mas o processo pelo qual algo vem a ser definido como filosofia. Temos a chance de nos perguntar em que condições se dá a produção do pensamento: quem produz e como se produz o pensamento em geral e o pensamento organizado sob a categoria "filosofia"? Normalmente, pensamos a filosofia como o campo no qual se criam e investigam categorias, mas não pensamos a palavra filosofia em si como uma categoria que nos obriga a pensar em siste-

---

[1] Charles Feitosa, "O que é isto: Filosofia Pop?" In: *Nietzsche e Deleuze*. Org. de Daniel Lins. Rio de Janeiro: Relume Dumará, 2001, pp. 95-104.

mas de poder e sistemas de saber. Ora, o pensamento filosófico sempre foi atribuído aos "filósofos", imaginados no âmbito do senso comum como gênios da humanidade, mas a questão da sua forma de produção raramente foi colocada. Imagina-se os pensadores – e somente recentemente começamos a falar das "pensadoras" – como entes criativos e livres. Contudo, sabemos que o pensamento, como qualquer processo linguístico, é produzido sob condições históricas, institucionais e culturais, assim como econômicas e políticas. E o que não podemos perder de vista é que, em seu processo, a filosofia – por enquanto, não é relevante o que significa filosofia em um sentido mais estrito – foi afetada pela psicanálise, pelo feminismo, pelo decolonialismo, mas também pela indústria cultural.

A menção que Feitosa faz ao pop na música nos ajuda também a compreender a relação com a indústria cultural: "a música pop é uma música produzida e vendida para uma grande audiência", diz ele, mencionando ainda "um código estético não explícito" que "diz que suas canções têm que ser simples, facilmente memorizáveis, emocionalmente apelativas". O pop aparece, então, como algo fácil, cuja facilidade tem por função capturar a sensibilidade das "massas". Em texto sobre a indústria cultural dos anos 1940, Adorno e Horkheimer[2] falam das "*Popular Songs*", comentando o "*fad*", as modas musicais que surgiam naquela época como "epidemias". Já naquela época, percebia-se a função difusora da "facilitação", da música fácil, e de todo conteúdo fácil ao qual se adere sem pensar. A ade-

---

2   Theodor W. Adorno e Max Horkheimer, *Dialética do esclarecimento*. Trad. de Guio de Almeida. Rio de Janeiro: Jorge Zahar, 1985, p. 155.

são se dá pela insistência em provocar a interiorização da forma pelos sentidos. Tanto o conteúdo deve ser fácil, como também a forma. A "mistificação das massas" relaciona-se a essa oferta do que é fácil de agradar. Ela é a principal questão do texto da indústria cultural, correspondendo à sua adulação, a proteção acrítica de uma forma social inquestionável. Como formações coletivas, as massas seriam a nova forma de organização social, um lugar onde indivíduos poderiam se perder para encontrar um sentido.

Outro aspecto importante da indústria cultural, no que diz respeito ao campo musical, é a regressão da audição, que, no campo do pensamento, é concomitante à regressão da reflexão. Que espécie de resposta seria a filosofia pop nesse contexto de intensificação da regressão do pensamento reflexivo, quando a irreflexão tornou-se um parâmetro cultural? Ora, a filosofia não é imune ao seu tempo. Se mantemos, para os fins desta reflexão, a diferença que vem se esboçando entre "filosofia" e "pensamento reflexivo", temos um problema importante. O que significa pensar reflexivamente quando o campo do pensamento foi aprisionado em limites linguísticos e institucionais?

O rebaixamento da reflexão é evidente na era da indústria cultural, mas ele é também a linha do destino inevitável do sistema do patriarcado capitalista que chegou ao neoliberalismo e aos fascismos no século XX. Esse rebaixamento da reflexão não foi inventado de uma hora para a outra. Minha hipótese é que a degeneração da filosofia, que levaria ao sentido vulgar do pop como discurso tanto repetitivo quanto superficial, é um efeito da lógica interna da própria filosofia branca e machista, como veremos ao longo deste ensaio. Ao mesmo tempo, a imagem da filosofia como um bloco fechado de textos e ideias é tão marcante em nível público que, para muitos, o nexo da filosofia com a indústria cultural pode ser impensável. A ideia do senso comum, inclusive o senso comum acadêmico, de que a filosofia avançou como uma linhagem historicamente sólida, tendo a qualificação do pensamento e da linguagem como promessa, é tão forte quanto acrítica. Essa promessa encontrou sua deturpação nas próprias instituições, seja na universidade, ao longo dos tempos, seja, mais recentemente, na mídia. Em certo sentido, tais instituições funcionaram como corporações concorrentes, daí a animosidade mútua – a acusação de pedantismo e de superficialidade – que até hoje comanda sua relação, escondendo o acordo econômico e político de fundo pelo qual se capitalizam certas faculdades e personagens, transformando alguns intelectuais em pop stars ou fazendo deles mistificadores intelectuais num circuito que obedece apenas às leis da monetização. No fundo da cena, fazendo coro, sempre estão as massas, que devem ser mantidas afastadas de toda chance de reflexão, já que esta a esboroa e impede de retornar à unidade acrítica.

A filosofia pop opôs-se à filosofia acadêmica, mas apenas institucionalmente. A nível formal, o pop é um problema epistemológico que nasce na filosofia acadêmica com Gilles Deleuze, o filósofo que enunciou a "pop'filosofia" antes de todo mundo. Ora, Deleuze era um professor, um funcionário de uma instituição de ensino pública e consagrada e grande conhecedor da história da filosofia, que ele mesmo criticou e dentro da qual promoveu micro revoluções importantes, como a enunciação de uma forma de filosofia de tal modo livre que não obedeceria a critérios, estigmas, imitações.

Nesse cenário, o que vemos surgir é a reinvenção do que podemos hoje ainda chamar de filosofia. A investigação sobre o pop filosófico deve levar em conta que a filosofia pop implica redesenhar frequentemente seu sentido e sua questão na direção da singularidade do pensamento, por sua vez inserida numa história de controles e disciplinas que não pode ser esquecida.

De fato, a pré-história e a história do pop antecedem o julgamento acerca da decadência da filosofia institucional. Podemos falar de pensadores que seriam considerados pop muito antes do termo ter vindo à tona com Deleuze, assim como se fala de pensadoras feministas muito antes da invenção da palavra feminismo. Sócrates poderia ser pop no sentido de ser uma figura "popular"[3] na sua Atenas natal, ou Sartre, um professor que seria pop no sentido de pop star, alguém famoso, falando de filosofia nos cafés de Paris. Assim, houve várias aparições do filósofo popular ou pop star em diversos países do mundo, apesar da impopularidade geral da filosofia, tomada como um hermetismo ou uma inutilidade. Hoje, emergem os pensadores "midiáticos", que são, de alguma forma, o novo pop. Embora sejam pop no básico sentido de populares e famosos, acrescenta-se a suas performances um dado histó-

---

[3] Charles Feitosa, um dos principais estudiosos da filosofia pop no Brasil, conta que a expressão não o agradou inicialmente. Ele diz que "talvez minha má vontade venha do fato de que hoje em dia o termo 'pop' (abreviação do termo 'popular') tenha um significado pejorativo: pop é comercial, pop é superficial, pop é fácil". O pop de que fala é abreviação de "popular", mas ao mesmo tempo não esgota o significado do popular. Charles Feitosa, "O que é isto: Filosofia Pop?" In: *Transversões: Ensaios de filosofia e pedagogia pop*. Rio de Janeiro: Circuito, 2022, p. 37.

rico, o alcance, ou seja, uma audiência pública que é efeito do avanço dos meios de comunicação e das tecnologias digitais que geram a cultura de massa. Esses pensadores têm espaço, contudo, no limite da radicalidade do pensamento. Para ser aceito socialmente, o pensamento jamais deve ser crítico.

Mas o que pode fazer o pensamento reflexivo levado às últimas consequências senão a crítica? É a crítica que desmonta o poder. Ela implica outra relação com o mundo e outras práticas de produção do mundo. Toda transformação se dá sempre em relação ao poder vigente, que visa a se manter intacto, o que não é possível quando a crítica entra em cena.

Sob a forma mercadoria, há a filosofia acrítica e edulcorada que agrada aos donos dos meios de produção da linguagem. Assim, há pensadores machistas e racistas, de direita e de esquerda, que ocupam o espaço midiático fazendo muito sucesso de público,[4] mesmo que suas falas não passem de mistificação ideológica sem reflexão real. Para os filósofos

---

[4] Para explicar o "pop" em geral e chegar à distinção sugerida, em primeiro lugar, Feitosa distingue uma "maneira pop de ler filosofia" (Ibid., p. 96). Cita Nietzsche como exemplo de um pensador "popular" sobre o qual há uma verdadeira indústria. Salva Nietzsche, no entanto, citando um trecho de *Humano, demasiado humano*, em que o filósofo trágico alemão fala do perigo das frases agradáveis de um pensador. Criticando essa maneira de ler filosofia, ele diz que na verdade trata-se de uma "maneira de não ler". Charles Feitosa está preocupado com o caráter de sucesso do pensador Nietzsche, e por isso dirá que "mais vendido" não quer dizer "mais lido", o que significa que o pop enquanto facilitação e difusão pura e simples não é o pop da "filosofia pop". "Popularização" e "adulação" das massas não são o que interessaria em filosofia. O pop que caracteriza a "filosofia pop" seria um pop além do sentido do "sucesso" que lhe é próprio.

das mídias, a erudição em seu campo não passa de efeitos especiais. Os espectadores, fascinados no processo, usam o que aprendem como objeto de um pedantismo de mercado, pelo qual cada um alcança a distinção da massa ignara. O argumento de que é preciso falar a língua do povo mostra sua verdadeira face quando a produção de uma linguagem que precisa ser traduzida não esconde mais seu pedantismo. Uma filosofia pop que esteja para além da mercadoria implicaria um diálogo radical com pessoas e entre pessoas, cuja singularidade seria demandada no processo. Que essa forma de diálogo radical não seja possível em função de condições psíquicas, cognitivas, culturais, ideológicas e religiosas deve se colocar mais como um desafio do que como uma constatação inexorável sobre a qual não se pode fazer nada.

Ao mesmo tempo, se cada época exige algo do pensamento filosófico, de fato, em certos momentos, a filosofia que leve a sério seu propósito interno se tornaria impalatável. O pop se tornará impopular quando sua liberdade perturbar a sustentação do poder e o avanço do capital. Ele será insuportável quando se apresentar como crítica ou desconstrução do estado injusto do mundo sob o patriarcado capitalista. Por isso, a pergunta sobre a possibilidade de uma teoria crítica pop que siga na contramão de uma teoria tradicional precisa ser colocada e respondida.

Não há uma única filosofia pop. Não se trata de um movimento filosófico, nem de uma moda, nem de uma linhagem ou "corrente". O que está em jogo é um fenômeno epistemológico relacionado à forma e ao conteúdo da filosofia, que em tempos de indústria cultural tem a chance de se tornar submissa a ela ou dela crítica. Ora, esse fenômeno epistemológico é atravessado por todo o peso da história, que desmente a pureza da razão propagada pela instituição filosófica ao longo das épocas. Se a filosofia das universidades levou a um sequestro do pensamento relacionado à vida, considerando que a natureza do pensamento é justamente a de estar ligado à vida, a filosofia pop será o irromper da vida do pensamento depois de seu aprisionamento. A ideia de um pensar puro e livre da vida corresponde à alienação do pensamento, sendo a alienação do pensamento o efeito mais elaborado da paranoia enquanto postura da razão encastelada em si mesma, girando em torno da própria manutenção. Liberar o pensamento da assepsia acadêmica, dos tons pastéis que acobertam seu potencial, da edulcoração que apaga a crítica e a análise é o principal potencial de uma filosofia pop que, em diálogo com a vida, implica outras formas de pensar e olhar para o mundo.

Por fim, se a filosofia pop entra em processo de institucionalização, transformando-se em fórmula reprodutível, ela se torna aquilo mesmo que poderia ter modificado com sua presença. Ou seja, se ela passar a se autoconservar como mais uma linhagem da filosofia, pode tornar-se um maneirismo filosófico. Tendo em vista que a filosofia pop é anti escolar e anti conservadora, seu processo de criação é anárquico e randômico e não pode ser simplesmente repetido como uma fórmula. Como tal, esse fenômeno implica outra ética e outra estética, ou seja, outra política do pensamento.

Em palavras muito simples, a filosofia pop é outro processo de pensamento que exige outra prática do pensamento. Não se trata mais de uma filosofia feita por filósofos para seus pares, para um clube especializado em que uns dão aulas a outros em instituições com esquemas de poder previamente organizados por funcionários hierarquizados. É uma nova performance que entra em cena. É, ainda, a consciência da performance como processo de construção do pensamento. Ora, a aula clássica é uma performance da filosofia, assim como o texto, mas tais formas de apresentação da filosofia já não são universalizáveis. Com a filosofia pop, a filosofia como um todo se abre à experiência livre da história da filosofia canônica, o que vem a comprometer um esquema de poder. Outras histórias da filosofia podem surgir no momento dessa abertura, como aconteceu com as pensadoras mulheres historicamente apagadas, ou com outras tradições de pensamento. Se a filosofia antiga se organizava como diálogo, como vemos nos textos platônicos, a filosofia europeia foi se organizando e se expondo na forma de tratado, de *disputatios*, de aulas; a filosofia acadêmica avançou no século XX, apresentando-se em forma de dissertações e teses; já a filosofia pop é a filosofia que surge como uma linha de fuga, para usar a expressão de Gilles Deleuze, que retorna sobre si mesma como uma onda que tudo arrasta no seu fluxo.

Como acontecimento no meio na linha do tempo e na cartografia do pensamento mundial, temos menos o dever de explicar a "pop filosofia" e mais a tarefa de colocá-la em perspectiva como um advento a partir do qual podemos ver o que até então não havia sido visto nesse território tão disputado que é o campo das ideias. Nesse sentido, há uma estranheza da filosofia pop, e ela é inquietante. Por meio dela, vemos o que deveria ter ficado oculto e, no entanto, apareceu – a saber, o jogo de poder, ou melhor, o jogo do saber/poder que é, ele mesmo, um jogo da linguagem submetida ao controle dos interesses de classes e dos agentes do sistema de privilégios.

A reflexão a seguir busca a experiência de pensamento da filosofia pop tendo em vista os problemas que seu advento coloca à filosofia em geral. Em sua dimensão textual, emerge a indagação sobre o que está fora do texto. Enquanto procuro aproximar leitores da experiência reflexiva por meio de palavras escritas para serem lidas, almejo, mais profundamente, o diálogo, a participação na reflexão comum e transformadora em escala individual e coletiva que é a filosofia pop que podemos inventar neste momento histórico, em que a criação é mais que direito ou privilégio, é responsabilidade moral de quem pensa.

A HISTÓRIA DA FILOSOFIA COMO QUESTÃO

Impossível pensar em algo como "filosofia pop" sem levar em conta a tradição filosófica mais convencional, aquela que diz respeito à história europeia da filosofia e que foi subdividida na idade contemporânea, no âmbito da chamada filosofia analítica, entre a tradição analítica inglesa e a estadunidense, que criaram a heterodenominação "filosofia continental", composta pelos pensadores não analíticos do continente europeu. Já nesse gesto inglês (que remonta a Stuart Mill), vemos se estabelecer um olhar sobre certo "outro" que é, no mínimo, curioso. No caso, trata-se do olhar sobre outra maneira de pensar que parecia pouco rigorosa segundo as exigências da frieza racional que, numa leitura dialética, não deixaria de ser ela mesma uma paixão filosófica dos pensadores autodenominados analíticos.

Enquanto os ingleses olhavam para os "continentais" como o "outro" que fazia uma filosofia, por assim dizer, não tão pura do ponto de vista da professada racionalidade compulsória e, de acordo com esse paradigma, "menos" filosófica, os pensadores europeus olhavam – e faziam-no sempre com o olhar do antropólogo na direção dos "tristes trópicos" – para o continente latino-americano, o africano, as Antilhas e os demais territórios do planeta como se esses lugares não existissem para além de uma ideia de "descoberta", ela mesma acobertadora da invasão e do massacre, como se em tais lugares não pudesse existir um pensamento qualificado. Por trás disso, a oposição entre civilizado e selvagem sustentava uma cultura de clichês dualistas sob a medida ideológica de que uns são melhores do que outros.

Nessa perspectiva, entre analíticos e continentais, nós seguimos sendo latino-americanos por um bom tempo. A "descoberta" se mostrou uma categoria inválida, avançamos na direção da *amefricanidade* de Lélia Gonzalez, a notável pensadora negra brasileira esquecida por tanto tempo, e o termo Abya Yala – "a terra em sua plenitude" – começou a ser usado por povos indígenas e por aqueles que respeitam o direito à autodeterminação dos povos diante das violências gerais, da qual as heterodenominações linguísticas são parte.

Antes, com a palavra filosofia se designava o que se fazia na Europa e era reproduzido em outros continentes. O que pudesse ser essa filosofia implicava o domínio discursivo produzido nas instituições e seus agentes fazendo a roda da filosofia girar sobre si mesma. Os assuntos pré-estabelecidos eram devidamente tratados por sujeitos adequados em cargos criados para abrigar tais sujeitos. Os tópicos dos homens gregos, os assuntos dos homens medievais, os temas dos homens modernos, e assim por diante, eram os conteúdos das escolas de filosofia onde, a propósito, os estudantes deveriam estudar o pensamento de um filósofo homem e, de preferência, um homem previamente julgado pelos homens como importante. Basicamente, tratava-se de estudar Platão e Aristóteles, Kant e Hegel para os mais relaxados, e de estudar filosofia analítica para os que encaravam a dureza da lógica, em última instância, sempre autorreferencial. Assim, a filosofia se consolidou como uma produção de linguagem comandada por homens em espaços e tempos criados por eles e para eles, de modo a repetir o que outros iguais a eles já haviam escrito, mesmo quando não escreviam nada de relevante, apenas comentários sobre comentários sobre comentários.

Nesses ambientes, o que era chamado de filosofia foi encontrando sua vocação cada vez mais hermética. Usar o significante "filosofia" para propor outras formas de pensar e expressar conceitos sempre foi suspeito. Os donos da filosofia se organizaram como em clubes fechados cheios de compartimentos especializados, muitas vezes vetustos e empoeirados que se sustentavam às custas de sócios dispostos a participar da bolha de reconhecimento de um narcisismo mutuamente alimentado, às vezes sadomasoquista, pleno de invejas e adulações. A naturalização disso tudo não permitiu que os não especialistas percebessem o que estava acontecendo, pois ninguém mais prestava atenção nesse jogo alienado do mundo. A filosofia simplesmente alienou-se da vida. É fato que, entre os especialistas, nem todos perceberam a construção de um castelo de prerrogativas que impedia a entrada do novo ou do diferente simplesmente porque jamais imaginaram a existência da diferença, pois naturalizaram o estado de coisas em que viviam felizes em sua "mesmidade" e até mesmo "mesmice".

De fato, embora pensar implique o ato linguístico de generalizar, o que chamamos genericamente de pensamento europeu nunca foi simplesmente um bloco. O pensamento da diferença, que corria como um fio de luz entre blocos hegemônicos, desabrochou entre personagens como Derrida e os pensadores pós-estruturalistas que, infelizmente, ainda estavam inscritos no circuito do privilégio branco e masculino das academias, o que limitava seu pensamento em aspectos importantes, tais como gênero e raça, tópicos que vieram perturbar a narrativa branca e masculina que buscou tratar a razão e a própria lógica como neutras. Nesse caso, não é o machismo e o racismo que mancham a razão pura, mas a razão que deriva de uma posição machista e racista. Isso afetou o todo da filosofia. De dentro do lugar do privilégio, a própria teoria de Foucault sobre o funcionamento da disciplina e do controle, que serviu para explicar a instituição psiquiátrica, as prisões e os monastérios, serve para apreciar a instituição da filosofia geral que, para manter-se patriarcal e branca, precisa funcionar como espaços vigiados e punitivos para dissidentes ou inadequados. A filosofia acadêmica sempre foi panóptica, ou seja, vigiou a participação, a entrada e a saída, bem como a produção linguística para que ninguém saísse da indústria cultural do pensamento hermético reservado aos iniciados homens, brancos, europeus originais ou imitações de europeus.

No caso da filosofia latino-americana e brasileira, que aqui nos interessa mais diretamente, a subalternidade definia uma ontologia. O indivíduo e seu "ser subalterno" se expressava, por exemplo, por meio da frase "sou apenas um professor de filosofia". Certamente, não há nenhum mal em ser professor de filosofia, mas o advérbio de exclusão "apenas" obriga a pensar. Essa frase, dita no contexto de congressos acadêmicos de filosofia, denotava mais que modéstia, ela não conseguia esconder a subalternidade expressa de modo estranhamente cioso de sua posição submissa. Médicos, políticos, cozinheiros, enfermeiros, bombeiros, agricultores ou psicanalistas podem alegar modéstia diante de outros agentes ou profissionais, mas dizer "sou apenas um" diante de colegas da própria profissão é um sinal de subserviência e denota uma fratura entre os que produziriam o pensamento e os que simplesmente transmitiriam os pensamentos dos pensadores – os outros pensadores hierarquicamente situados –, como se transmitir não fosse um efeito e até mesmo uma performance do pensar, como se os professores fossem apenas meios, como se sua ação discursiva e pedagógica não fosse, ela mesma, uma prática teórica implicada em "teorias práticas" de reprodução do sistema ou de criação de novas possibilidades. A frase "sou apenas um professor de filosofia" poderia ter sido resgatada pela ironia, mas infelizmente não é esse o caso, pois não há ironia na submissão. A sisudez servia à sustentação sistemática de um sistema de poder institucionalizado em que a servidão ao líder autoritário não disfarça o culto do guru.

A COLONIZAÇÃO INTERNA
DA FILOSOFIA

Foi a "filosofia da libertação" enquanto movimento que, tendo colocado a questão da filosofia latino-americana, reembaralhou as cartas. Desde aquilo que podemos chamar de proposição latino-americana – enquanto forma e conteúdo –, a maneira europeia de fazer filosofia foi questionada. De fato, o deslocamento da habitual referência e autorreferência europeia para a latino-americana alterou o foco geopolítico da reflexão, fortalecendo o pensamento decolonial que avançava na retaguarda do debate desde Aimé Césaire e Franz Fanon. Os pensadores latino-americanos irromperam se libertando do jugo, o que foi possível ao olhar para a própria circunstância e história. A filosofia assumiu um lugar concreto. De fato, a Europa se tornava um problema filosófico latino-americano e, apesar das desconstruções promovidas pela virada latino-americana na filosofia, o problema que vinha da Europa, o eurocentrismo, permanecia muito presente, pois a Europa veio a se apresentar como um conceito filosófico e uma forma social, não apenas um lugar. Por isso, podemos falar de uma Europa geral como uma espécie de língua geral aceita por todos.

Nessa Europa geral, matriz de pensamentos explicativos do mundo como uma fábrica, uma verdadeira indústria cultural do pensamento, da filosofia e das teorias como um todo, os europeus em questão não seriam apenas aqueles que viviam na Europa, mas seus descendentes e/ou seus imitadores, portanto, os "europeus nacionais", aqueles que podemos definir como "colonizadores internos", expressão usada pelo cubano Roberto Fernández Retamar e pela boliviana Silvia Rivera Cusicanqui para falar dos agentes do colonialismo nacional que há em todos os países colonizados e que se apresentam nas academias como sujeitos éticos da pesquisa, mesmo quando reificam seus assuntos e os outros seres humanos tratados como funcionários ou, pior ainda, "temas de pesquisa", transformando sujeitos em objetos, como vemos até mesmo nos estudos decoloniais feitos na Europa e nos Estados Unidos, bem como em universidades brasileiras, por pessoas que seguem achando que podem falar pelos outros.

Esses europeus por servidão ou imitação eram colonizadores internos, agentes de uma histórica violência simbólica consolidada em diplomas e cargos universitários, que viveram, estruturaram e vampirizaram faculdades de filosofia em instituições de ensino privadas ou públicas em todos os cantos do mundo. No Brasil e nos países periféricos, as faculdades de filosofia sempre foram cheias de homens que se arrogavam o mérito do pensamento do qual "os outros" não seriam capazes. A meritocracia nunca escondeu o machismo, o racismo, a pertença à classe e até mesmo esse tipo sutil de capacitismo relacionado ao rebaixamento ou à negação do pensamento dos entes – corpos-linguagens – que o sistema de opressão buscava assujeitar. Assim como os pensadores da Europa geral não tinham interesse no que era produzido fora da Europa, os homens não tinham interesse no pensamento das mulheres, os brancos no pensamento dos negros e assim por diante, pelo simples fato de que aquilo que chamavam de filosofia dizia respeito a um arranjo reservado mercadologicamente por tais homens dentro de um sistema de poder de acordos e conluios sempre bem camuflados sob as regras da ordem. O velho tema platônico do diálogo, que em si mesmo já era homoerótico e refratário à diferença concreta, embora amasse a ideia da diferença (o lugar das flautistas presentes como mulheres reais no *Banquete*, por oposição a Diotima presente como mulher ideal, ou seja, ausente da cena concreta, demonstra isso), cedeu espaço à filosofia por meio dos textos em um jogo fundamentalista de disciplinamento. A filosofia seguiu se apresentando como hierarquia de autoridades, que se transformou em instituição, algo inacessível aos que ficariam na base da pirâmide do pensamento e, na mão de homens nada generosos administrando seus feudos, as potências da reflexão cuidadosa e atenta a tudo se transformariam em mero jogo do saber/poder.

Em resumo, historicamente, os europeus, autóctones ou não, usaram uma básica violência epistemológica no processo de colonização mental, acadêmica e linguística, a saber, afirmar ou agir como se o *outro* – signo que é sempre aplicado às existências diferentes, estrangeiras, indesejáveis – não pudesse produzir pensamento racional e, logo, "filosofia", o que significava simplesmente o dever de servidão ao pensamento europeu, algo que se via no momento em que esse pensamento era reproduzido de maneira ventríloqua nos trópicos e subtrópicos do sul global. É evidente o capacitismo desse olhar, algo que se reserva também às mulheres e aos indígenas, aos negros – em suma, aos não homens e não brancos. Falo de um capacitismo epistemológico que define o outro como incapaz de pensar, alguém que é visto como incapaz de refletir racionalmente. O capacitismo epistemológico deriva do colonialismo que, por sua vez, nasce do patriarcado capitalista. Ele é estratégico e funciona como uma tecnologia política. Ele se sustenta em parâmetros de pensamento impostos e projetados que visam evitar todo questionamento acerca da lógica que o constitui, de tal modo que possa ser reproduzido incessantemente, criando a totalidade fechada na qual a alteridade não passa de algo devorável.

Tendo esse histórico em vista, chegamos à filosofia pop como algo possível apenas no instante em que aquela tradição colonial europeia dominadora e, ao mesmo tempo, fraturada, é questionada metodológica e epistemologicamente. Afinal, é diante de certa filosofia que aquilo que passamos a chamar filosofia pop vem se colocar como uma transformação no metabolismo daquela que podemos definir como sua *alma mater*, ou, ainda mais, seu exoesqueleto, a "filosofia europeia".

A "pop filosofia" irrompe no bojo da filosofia europeia, seja ela autóctone ou mimética. Ela não é a corrosão dessa filosofia, mas o inço, a erva que resiste pela força da natureza bruta que a constitui. Por mais que o conceito de filosofia tenha se expandido nas últimas décadas para o bem do pensamento e da vida humana na Terra, até este momento histórico a filosofia europeia é uma tradição inegável, complexa, evidentemente rica de conceitos e construções, mas também cheia de contradições e limitações conceituais derivadas de sua própria situação geopolítica de bolha epistemológica opressora em que sexismo, branquitude, capitalismo, xenofobia e colonialismo compõem um fardo que os países para além da Europa central (e geral), seus pensadores e pensadoras, sentem a obrigação de superar. Desmontada essa filosofia, o impulso ao pensamento que sobra dela é a filosofia pop.

Assim, a inevitável pergunta sobre o "ser do pop" pode ser respondida da seguinte forma: trata-se da perfuração da bolha epistemológica da filosofia tradicional no *continuum* da história. Ela se relaciona a um novo modo de fazer filosofia no que concerne a processos formais e a conteúdos, um assunto pouco discutido na filosofia tradicional. A filosofia pop será um *experimentum crucis* nesse processo tenso entre forma e conteúdo, a interrupção de um jogo em que a forma se impõe sobre conteúdos pré-definidos como temas nobiliárquicos da filosofia. O que a filosofia pop vem mostrar é altamente provocador, pois seu ponto de partida é uma espécie de pensar selvagem, sem amarras e, justamente por isso, pleno de intensidades na direção de assuntos e temas que causam arrepios e estranhamentos na filosofia tradicional.

UMA FILOSOFIA POP
DA CULTURA

Com a expressão "filosofia pop" se designa mais do que uma corrente filosófica – ou antifilosófica – nova que seria capaz de fundar uma moda. Certamente é algo novo, que não poderia ter surgido em outra época, pois em épocas anteriores o próprio fenômeno pop não havia entrado em cena na cultura, de modo que não poderia afetar a filosofia ou ser afetado por ela. Por mais óbvio que isso seja, é preciso que seja mencionado devido ao contexto das maledicências e preconceitos ligados a mal-entendidos que cabe desmontar.

A filosofia pop é um efeito da cultura e, ao mesmo tempo, uma filosofia da cultura. No cerne dessa cultura está o fenômeno pop. A filosofia pop emerge da cultura pop como revelação do seu espírito, que retorna trazendo luz sobre o impensado. A cultura pop surge nos anos 1950 nos Estados Unidos e se espalha pelo mundo. Podemos utilizar o termo cultura pop em sentido expandido para falar da cultura do entretenimento que, numa perspectiva elitista, será entendida como *in-cultura* (baixa cultura), e que terá sempre como objetivo alcançar as massas. Muitas formas de arte foram criadas com esse objetivo enquanto antigas formas foram desaparecendo ou se tornando raras, como a arte da gravura, por exemplo.

Para alcançar as massas sob o capitalismo neoliberal, a distração e a excitação seriam as tecnologias adequadas. A reflexão filosófica tradicional seria o contrário disso e, diante da força desse fenômeno cultural, tornou-se uma força irrelevante, sendo lançada no campo das sobras de uma cultura do passado. Nesse contexto, a pergunta inerente ao advento da filosofia pop diz respeito ao tipo de pensamento que poderia fazer frente ao estado antirreflexivo da cultura e, quem sabe, ajudar a reconstruir uma cultura do pensamento reflexivo e do diálogo mesmo que sob condições adversas. A filosofia tradicional morreu, e não se trata de ressuscitá-la, mas de compreender novas formas de arar o campo da linguagem para que outras potencialidades do pensamento possam brotar.

Falar em cultura implica perceber o pano de fundo estético como tela na qual se desenha e se projetam os desejos que transitam nas sociedades. A estética é o campo da sensibilidade, do corpo, do desejo e da arte, que catalisa e organiza essas intensidades. No contexto da cultura pop, temos a pop art, a arte pop, que surgiu colocando em questão o sentido da arte como um todo. A arte pop de Andy Warhol nasceu em meio à cultura pop e, no entanto, não nasceu para servi-la.

Arthur Danto, ao falar sobre Andy Warhol,[1] o criador da pop art, comenta como seu modo de ver e fazer arte chocou

---

1   Arthur Danto, *Andy Warhol*. Trad. de Vera Pereira. São Paulo: Cosa Naify, 2012, p. 179. Ver também: Arthur Danto, "O filósofo como Andy Warhol".

o mundo norte-americano da arte nos anos 1960. Para Danto, Warhol tinha uma mentalidade naturalmente filosófica, sendo que muitos dos seus trabalhos mais importantes são respostas a questões filosóficas ou soluções de enigmas filosóficos. Seria importante notar que esse aspecto do trabalho de Warhol, segundo Danto, conseguiu levar questões filosóficas para fora das universidades justamente no tempo em que a filosofia não transitava muito além dos muros acadêmicos.

Outro aspecto importante da abordagem de Danto é que a filosofia necessária para apreciar o que considera a "admirável contribuição de Warhol" não existia até Warhol criar sua arte. É assim que, para Danto, muito da estética moderna veio a ser mais ou menos uma resposta aos desafios propostos por Warhol, de modo que, sob aspectos importantes, ele estava verdadeiramente fazendo filosofia ao fazer a arte que o tornou célebre. Para Danto, isso significa que a maior parte da filosofia da arte anterior a Warhol tem pouquíssimo valor para analisar suas obras; ela não foi escrita para dar conta de um trabalho como o dele, pois tal trabalho não foi pensado antes que ele o pensasse.[2] Do mesmo modo, a filosofia pop foi e continua meio chocante para o mundo da filosofia até hoje – um mundo, aliás, que corre o risco de ficar cada vez menor.

Igualmente, o argumento de Danto sobre Warhol vale para posicionar a filosofia pop diante da filosofia: a filosofia anterior à cultura pop e a filosofia pop enquanto acontecimento metodológico não podem ser parâmetros para pensar

---

Revista ARS-ECA-USP, São Paulo, n. 4. Disponível em: http://www.cap.eca.usp.br/ars4/danto.pdf. Acesso em: 1º agosto 2024.
2   Ibid., p. 179.

tanto a cultura pop analisável pela filosofia pop enquanto filosofia crítica, como também, e muito menos, a filosofia pop metateoricamente, pois o fenômeno não foi pensado antes, sendo estranhamente inquietante para a própria filosofia tradicional, inclusive porque não se separa dela completamente em termos culturais.

Precisamos, nesse caso, ter em mente que a expressão "filosofia pop" é tanto contracultural quanto contraconsensual em relação à filosofia tradicional. Convocada pelo pensamento criativo em filosofia, a filosofia pop usa o nome "filosofia" por uma contingência histórica. Ainda se trata de filosofia, mas é, ao mesmo tempo, outra coisa. A questão cultural adquire outra dimensão, afetando a posição da filosofia. Trata-se da filosofia enquanto método que vem a ser objeto de estudos da filosofia pop e, em comparação ao pop cultural, percebe-se que a filosofia se torna parte dos conteúdos desprezados da cultura que se pretende questionar por meio da reflexão a que se dá o nome de filosofia.

Está em jogo também a filosofia enquanto área de experiência e de trabalho intelectual, que implica uma erudição específica, e sua relação com a cultura pop, que não necessariamente dispensa tal forma de erudição. A maneira como a cultura é apreendida e vivida em contextos diferentes afeta o sentido da filosofia, assim como o pop, que é vivido de modos diversos em culturas diferentes. A filosofia pop não é a massificação do pensamento, mas a resistência do pensamento sob condições de massificação, sendo que tal pensamento que se torna resistência não é o velho pensamento arcaico, patriarcal e branco.

Partindo da hipótese de que a filosofia não é um conhecimento pronto, mas algo a ser reinventado a cada vez que algo acontece em seu nome, seja um evento ou um texto, a filosofia pop é a nova filosofia crítica, a filosofia crítica pós--indústria cultural.

O PROBLEMA DA FORMA E DO CONTEÚDO

Podemos nos perguntar se o pop enquanto ato filosófico, que de modo geral vive historicamente em tensão com o ser concreto, poderia ser uma discussão sobre o campo cultural, os temas e os conteúdos do pop. Poderia a filosofia se manchar da experiência com tais conteúdos? A falha desse raciocínio está na ideia de que há "*uma* filosofia", a "*Filosofia*", com F maiúsculo. Ora, a existência de outra cultura, de um novo clima cultural, gera um novo modo de pensar tanto no senso comum quanto no espaço especializado. A filosofia acadêmica soa não apenas como anacronismo, não apenas como algo inadequado, mas, na verdade, como uma forma conservadora de pensar. A filosofia pop obriga a questionar o tema da forma e do conteúdo e leva à compreensão da filosofia como prática cultural; não mais uma explicação de mundo, não mais a filosofia sobre as coisas, mas a filosofia misturada às coisas, uma filosofia que não é mais antropologia sobre o ser humano, mas que é diálogo e dança com o que existe.

Ora, o problema da forma filosófica segue ligado ao problema do conteúdo. É a filosofia pop que permite pensar a forma filosófica para além das convenções. Não mais o texto escrito, mas a pintura, o teatro, a dança, o desenho ou o cinema é que elaboram e apresentam teorias, ideias e conceitos. Julio Cabrera tratou a filosofia como uma estrutura predicativa que pode se fazer como cinema à medida que ela pensa,[1] ou seja, ela cria conceitos, não copia ou representa conceitos prévios.[2] O cinema é filosofia porque o cinema pensa, em ambos se constitui um jogo predicativo. Seria possível dizer que a filosofia pop seria a filosofia dos produtos do entretenimento? A filosofia pop poderia existir para além da cultura pop? A filosofia enquanto cinema não seria, em função do caráter assertivo, proposicional dessa cultura e de seus produtos que provocam "conexões interconceituais" (para usar a expressão de Cabrera), uma filosofia pop?

A filosofia pop nasce num tempo histórico e se refere a assuntos de seu tempo que a filosofia conservadora não é capaz de contemplar, aprisionada que está em seu próprio passado, motivo pelo qual se transforma num assunto exótico ou extraordinário. Enquanto isso, a filosofia pop se lança no mundo ordinário e talvez venha a ser a única forma metodológica e reflexiva que possa dialogar com o tempo no qual

---

1 Julio Cabrera, *O cinema pensa: Uma introdução à filosofia através do cinema*. Rio de Janeiro: Rocco, 2006.
2 Id. *Diálogo/Cinema*. São Paulo: Senac, 2013, p. 12.

surge. A filosofia anterior à filosofia pop já não é suficiente para refletir sobre os conteúdos de uma época.

Nessa cultura, o lugar do espanto ou da admiração – o que um dia os gregos chamaram *taumastzen* –, que levaria à experiência reflexiva do pensamento a que desde os gregos se chama filosofia, é totalmente outro, considerando as novas condições de possibilidade da atenção e da sensibilidade. Já não é possível fazer filosofia a partir de cálculos racionais prévios ao encontro de objetos. A isso, podemos definir como "primazia do objeto", expressão de Theodor W. Adorno[3] que podemos tomar emprestada, dando-lhe uma inflexão mais cultural e existencial, e menos metodológica. Isso quer dizer que, na verdade, a filosofia pop não é um pensar *sobre*, mas um pensar *com* os fenômenos e os corpos presentes na eletricidade da cultura em seu estágio tecnológico e digital. O pensamento se move em fuga, variado e indeterminado entre objetos inusitados, exigindo uma filosofia capaz de contemplar essa experiência. Pensar a filosofia pop como filosofia da cultura pop implica pensar seus conteúdos. Entender como esses conteúdos interferem na forma da reflexão de uma época é o que se apresenta como desafio.

Da tradição filosófica ocidental, é ao campo da estética que ainda podemos remontar para fazer essa reflexão. Menos para refazer a história da filosofia em outros termos ou insistir na verificação de uma pré-história da filosofia pop do que para entender um impulso que vem de longe. É na esté-

---

[3] Theodor W. Adorno, "Sobre sujeito e objeto". In: *Palavras e sinais: Modelos críticos 2*. Trad. de Maria Helena Ruschel; supervisão de Álvaro Valls. Petrópolis: Vozes, 1995.

tica enquanto área da filosofia que se encontra o problema do conhecimento sensível e do lugar dos conteúdos inapropriados. No século XVIII, Alexandre Baumgarten propôs que o conhecimento sensível, ele mesmo um conhecimento inferior, fosse objeto de uma disciplina. Junto ao saber dos sentidos, é o corpo e o universo dos sentidos que aparece com força nos pensadores do século XIX. O estudo da sensibilidade e a proposição do corpo como tema encontram um lugar. Até o momento, isso fazia parte do conjunto dos conteúdos rejeitados pela filosofia.

Contra uma espécie de desprezo metódico característico da racionalidade tradicional que operou na história da filosofia, a estética foi o espaço da coleta, do "recolhimento" de tudo aquilo que se desprezava em filosofia, a saber, os temas e os assuntos demarcados como não filosóficos. Walter Benjamin falou do historiador como um trapeiro que recolhe os trapos abandonados de uma época, propondo uma espécie de filosofia das coisas abandonadas, dos vestígios,[4] uma filosofia dos resíduos, dos rejeitos, do que não tem lugar e que, necessariamente, envolve outro sujeito ligado a outra perspectiva de passado e futuro. O que a filosofia pop permite vai na mesma linha. É o próprio conceito de desprezo e o sentido dessa "recolha", no âmbito de outra atenção filosófica às coisas, o que se propõe pensar na experiência da filosofia pop.

---

4   No campo da história, é a escola dos Annales, investigando temas pouco pesquisados e buscando contato com outras áreas e disciplinas, que levará esse propósito às últimas consequências.

Assim como um dia, no século XVIII, a criação da estética como disciplina ampliou as fronteiras da filosofia, diante de nosso contexto sócio-histórico brasileiro e mundial, o próprio conceito de "filosofia" se amplia hoje ao considerar a relação entre a filosofia e o fenômeno pop, repropondo seu sentido na ordem da cultura.

OS CONTEÚDOS
DESPREZADOS

A "filosofia pop" se encontra com os conteúdos desprezados pela filosofia tradicional, cujo desprezo é parte de sua metodologia. A função do "desprezo" serve, como na "distinção" de Bourdieu,[1] para definir espaços de poder. De fato, um círculo vicioso se apresenta: a filosofia é também desprezada pelo mundo que ela mesma despreza.

Se a "filosofia pop" implica uma mudança de método, este dirá respeito ao direcionamento do interesse aos conteúdos desprezados pela filosofia e pela sociedade. Assim, a filosofia pop precisa, necessariamente, se interessar pela filosofia tradicional desprezada e que, ao mesmo tempo, a despreza. O que estou chamando "conteúdos desprezados" implica o

---

1 Pierre Bourdieu, *A distinção: Crítica social do julgamento*. Trad. de Daniela Kern e Guilherme J. F. Teixeira. São Paulo: Edusp; Porto Alegre: Zouk, 2007.

outro da razão (a natureza, a arte, o gênero, para mencionar âmbitos historicamente situados), até a vida cotidiana, o mundo da vida e seus acontecimentos triviais e naturalizados. Tais conteúdos rejeitados são também um efeito da sombra que a razão projeta sobre as coisas, baseada no princípio de identidade que tudo devora nos esquemas da racionalidade instrumental que sustentam as instituições, inclusive filosóficas. Os conteúdos rejeitados são o conjunto incontornável do que não se adequa ao sistema, o que Adorno chamava "não idêntico". Nesse contexto, a filosofia pop precisa levar em conta que seu interesse pelo desprezado aumenta o desprezo contra ela mesma.

Muito antes do surgimento da cultura pop, da pop art ou da enunciação da filosofia pop, Siegfried Kracauer fazia filosofia atento a conteúdos não tradicionais da filosofia. Em seu artigo mais conhecido, intitulado "O ornamento da massa",[2] publicado originalmente em 1934, encontramos aproximações genéticas com a filosofia pop atual. Kracauer, como Walter Benjamin e outros de sua geração, escreveu em jornais naquelas décadas de 1920 e 1930, quando da explosão do cinema e do rádio. Eram os ensaios prévios do que bem mais tarde seria definido como a sociedade do espetáculo por Guy Debord.[3]

Em *O ornamento da massa*, Kracauer dirá que "o lugar que uma época ocupa no processo histórico pode ser determinado de modo muito mais pertinente a partir da análise de suas

---

2 Siegfried Kracauer, *O ornamento da massa*. Trad. de Carlos E. Machado e Marlene Holzhausen. São Paulo: Cosac Naify, 2009.

3 Guy Debord, *A sociedade do espetáculo*. Trad. de Estela dos Santos Abreu. Rio de janeiro: Editora Contraponto, 2007.

discretas manifestações de superfície do que dos juízos da época sobre si mesma". As "manifestações de superfície" seriam o oposto dos assuntos filosóficos por excelência, a saber, os temas sublimes da morte e da vida, do poder, do desejo ou do destino. Na contramão dos juízos conscientes, as manifestações de superfície, "em razão de sua natureza inconsciente, garantem um acesso imediato ao conteúdo fundamental do existente". Quem quiser entender uma época, deverá entender o que dela não parece importar porque "o conteúdo fundamental de uma época e seus impulsos desprezados se iluminam reciprocamente".[4] O que Kracauer chama de "discretas manifestações de superfície" implica o que deveria ter ficado oculto e, no entanto, veio à tona, fazendo lembrar o que Freud chamou de "sinistro" (*das Unheimlich*).[5] No contexto da atenção sequestrada, talvez seja tão difícil ver o que se mostra quanto o que não se mostra e um registro menos comum do inconsciente se torne evidente. Entre o reprimido e o recalcado, é o concreto que se torna objeto de apagamento. A desatenção alcança um nível perigoso para a consciência.

Vale a pena voltar ao tema das "manifestações de superfície" analisadas por Kracauer. Ele se refere à produção de um tipo de espetáculo de dança organizado a partir de uma grande quantidade de corpos de mulheres, que constituem em seus movimentos grupais, organizados e ritmados, aquilo que ele chamou de "ornamento". O ornamento é uma mon-

---

4   Siegfried Kracauer, op. cit., p. 91.
5   Sigmund Freud, "'O homem dos lobos' e outros textos: 1917-1920". In: *Obras completas v. 14*. Trad. de Paulo César de Souza. São Paulo: Companhia das Letras, 2010, p. 329.

tagem, feita de desenhos regulares em que os corpos funcionam como linhas de uma coreografia rigorosa e precisa. Conhecemos essas imagens dos filmes das primeiras décadas do século XX, nas quais as bailarinas de uma companhia de dança, as famosas *Tiller Girls*, apresentavam-se diante de públicos variados fazendo muito sucesso. Seus corpos faziam desenhos organizados, verdadeiramente racionais, que apagariam o fato de que ali havia mulheres vivas. O "ornamento da massa" é esse apagamento do corpo e da singularidade a serviço da geometria e da matemática.

Assim como hoje é difícil escapar dos produtos ornamentais da indústria cultural (quem não será informado por meio de jornal, televisão, rádio ou internet, ou pelo boca a boca corriqueiro, sobre quem sejam os personagens pop do momento?), era difícil não conhecer as *Tiller Girls*, jovens mulheres em estado de mercadoria, funcionando como partes de um ornamento geométrico para agradar o olhar das massas. Fungíveis, os corpos femininos eram também geometrizados, ou seja, calculados para os fins do mercado audiovisual e da percepção.

Kracauer diz que o sistema de produção do ornamento da massa é o mesmo do taylorismo, ou seja, há nele uma racionalidade, a mesma que vemos na repetibilidade da indústria – aquela que Andy Warhol parece ter ironizado com suas caixas de Brillo Box. Nas palavras de Kracauer: "O ornamento da massa é o reflexo estético da racionalidade aspirada pelo sistema econômico dominante". Ao mesmo tempo, Kracauer reconhece a legitimidade "do prazer estético nos movimentos ornamentais da massa". Isso porque os "movimentos ornamentais da massa" são para ele "raras criações da época que dão forma ao existente". O ornamental parece ser o elemento que, pertencendo à massa, vindo organizá-la, mostra algo que é significativo da realidade. Assim é que os movimentos ornamentais são vazios e podem soar como falsificação, que levaria apenas à distração da multidão. Mas isso é, de certo modo, irrelevante diante do que ele traz à tona: as massas que se formam ao seu redor, ou melhor, que por meio dele ganham sua expressão. Por isso, Kracauer pode dizer sobre a massa organizada e sua origem nas fábricas e escritórios: "o princípio formal, segundo o qual é moldada, a determina também na realidade". É como se a massa encontrasse um lugar de expressão impossível em outro contexto.

DELEUZE E O DEVIR POP DA FILOSOFIA

A expressão "*Pop'philosophie*" foi usada por Gilles Deleuze em 1972, em uma carta questionando certas colocações de um aluno.[1] Em 1977, em "Uma conversa, o que é, para que serve?",[2] Deleuze volta a usar a expressão no contexto de uma reflexão sobre o devir (*devenir*). Os devires são definidos como "geografia, orientações, direções, entradas e saídas". Segundo ele, os devires se expressam no estilo.

Nesse texto, o que Deleuze chama de estilo não seria uma construção, mas a "propriedade daqueles dos quais habitualmente se diz 'eles não têm estilo...'". Segundo Deleuze, o estilo "não é uma estrutura significante, nem uma organiza-

---

[1] Gilles Deleuze, "Carta a um crítico severo". In: *Conversações*. Trad. de Peter Pál Pelbert. São Paulo: Editora 34, 2013.
[2] Gilles Deleuze e Claire Parnet, *Diálogos*. Trad. de Eloisa Araújo Ribeiro. São Paulo: Escuta, 1998.

ção refletida, nem uma inspiração espontânea, nem uma orquestração, nem uma musiquinha. É um agenciamento, um agenciamento de enunciação". Deleuze chega a essa ideia do "agenciamento de enunciação" apofaticamente, ou seja, pela *via negationis* da teologia negativa,[3] um caminho de argumentação habitual desde a antiga filosofia grega. Nessa perspectiva, o estilo é. No entanto, ele somente é a partir do que ele não é. Se o estilo está justamente onde o estilo não existiria, como algo que alguém tem justamente por não o ter, se o estilo se define pelo que ele não é, onde a própria coisa a ser definida faltaria, e se não estamos diante de uma mera contradição implosiva, cabe enfrentar esse campo paradoxal, esse espaço intervalar entre ser e não ser implicado numa ontologia dos possíveis, ou seja, dos devires, das mutações, da vida se fazendo e refazendo num perpétuo acontecimento que não pode ser catalogado.

Uso a expressão "ontologia dos possíveis" pensando se ela será compreendida e sei, por minha experiência como professora, que deveria explicá-la sob pena de deixá-la despercebida no texto ou figurando como uma mera licença poética sem mais consequências, ou, ainda, com alguma sorte, como um daqueles enunciados misteriosos que obrigam os leitores a se perguntar por seu sentido. Espero que essa terceira

---

[3] A teologia negativa ou apofática é uma forma de pensamento teológico que trata Deus pela negação, ao contrário da teologia catafática, que aborda Deus por meio de afirmações positivas sobre o que Deus é. Elementos dessa argumentação estão presentes na chamada "agrafa dogmata", a doutrina não escrita de Platão, mas também em pensadores neoplatônicos, gnósticos e cristãos primitivos, bem como em Filo de Alexandria (15 a.C – 50 d.C).

opção, apesar das pistas anteriores, se consolide. De fato, aspectos de um texto sempre podem ser aprofundados; contudo, sempre seria desejável que leitores estivessem atentos, dispostos à experiência da compreensibilidade diante do que não é evidente. Tal atenção pode ser criada, não a partir da educação simplesmente (embora nesse campo se devesse criar as condições para o desenvolvimento da atenção), mas a partir da experiência de pensamento que nasce com a perplexidade e a admiração, posições estéticas primeiras e difíceis de gerar artificialmente e, agora, controladas por quem detém os meios de uma indústria da excitação, de produção de efeitos especiais audiovisuais, cinematográficos ou estéticos de um modo geral. Nas redes sociais hoje as pessoas precisam chamar a atenção de algum modo, mesmo que se trate de atuar no ridículo. Infelizmente, a atenção, e a percepção como um todo, foram aprisionadas no capitalismo do espetáculo e o velho desejo de saber perdeu lugar ou encurtou seu alcance, restringindo-o ao interesse pelo que pode chamar a atenção, excitar ou distrair imediatamente.

Ao mesmo tempo, é certo que fazer filosofia não precisaria ser confundido com um delirante anseio de explicação total. Deleuze, assim como Kant muito antes dele, sugeria que a filosofia fosse criação de conceitos. Um processo, portanto, em que a imaginação, tão malfalada pelo racionalismo que dominou a filosofia tradicional moderna, entra em jogo com força. A filosofia não é uma ciência, muito menos uma ciência positivista – em que pese o acordo secular entre áreas de conhecimento e ideologias que, ao mesmo tempo que tirou a filosofia da servidão à teologia na Idade Média, a tornou servil à ciência moderna que ela ajudou a criar junto ao patriarcado capitalista –, mas uma experiência de pensamento que deve ser rigorosa (não rígida, como diria Adorno) e que, por isso, pede a presença da diferença, algo que se experimenta no diálogo.

A pergunta a ser colocada nesse ponto do texto é: o que podemos fazer com o que Deleuze disse sobre a "filosofia pop"? Poderia a filosofia pop apontar para uma saída das prisões performativas – acadêmicas, institucionais – em que jogos de linguagem definem o que podemos ou devemos pensar? É nesse sentido que ainda vale a pena ler textos filosóficos não pop, e vale a pena ler o que nos diz Deleuze, o pensador francês, ele mesmo aprisionado na estrutura estatal da filosofia francesa que, apesar de sua rigidez burocrática, não conseguiu impedir o surgimento de uma proposição filosófica tão diferente como a deleuziana no seu sentido musical de fuga, em que a polifonia e o contraponto permitem uma experiência de pensamento única. Sem a intenção de traduzir suas ideias ou intuições para o público não iniciado, e desejando ir além das longas recensões endogâmicas entre pares que acontecem nos congressos de filosofia, que lembram relatórios burocráticos num clima de colônia penal, vale a pena ouvir esse desabafo desesperado do pensador institucional francês, que sabia bem em meio a que estrutura tentava fazer vicejar algo novo.

Na contramão da ideia de filosofia reduzida à história da filosofia, Deleuze aponta o que pode ser considerado mais uma vez como a forma do pensamento livre em sua época – que é também a nossa –, tendo em vista que a história da filosofia seria o "agente de poder na filosofia e no pensamento" contra o qual a *pop'philosophie* seria justamente a saída. No meio do processo, ele defendia menos o discurso pronto, menos os protocolos acadêmicos e mais a "gagueira". Deleuze sabia que ele mesmo não estava livre da academia e da história da filosofia, como vemos em seu comentário sobre *O Anti-Édipo*,[4] mas ele almejava algo que estava fora, ele desejava o próprio fora, o exterior à filosofia, ou seja, o fora do jargão, o fora relativamente ao jogo conceitual ou epistemológico pré-estabelecido. A forma como Deleuze apresenta a sua filosofia implica uma busca de saída de um espaço hermético.

Como "agente repressor", a história da filosofia não deixa de existir, nem de se imiscuir nos textos dos seres que filosofam, mas perde sua violência porque o *"continuum"* histórico (eis uma expressão de Walter Benjamim, a propósito, um pensador cuja filosofia esteve sempre lançada no próprio devir, sem retrancas, sem burocracia, sem maneirismos) é quebrado por um devir que pode ser justamente enunciado como "pop'", assim, com apóstrofe. O pop' é justamente o que Deleuze chama de gagueira, o que torna a filosofia estrangeira em sua própria língua. Assim, ela está fora de casa, sujeita ao mau tempo, às intempéries dos espaços selvagens, como um *homo sacer* desprotegido das institucionalidades, lançado na selva da vida, onde filosofar não é de bom tom,

---

[4] *"Et sans doute on ne peut pas dire que* L'Anti-Œdipe *soit débarrassé de tout appareil de savoir: il est encore bien universitaire, assez sage, et ce n'est pas la pop'philosophie ou la pop'analyse rêvées."* [Em tradução livre: "E, sem dúvida, não podemos dizer que *O Anti-Édipo* esteja livre de todo aparato de conhecimento: ele ainda é muito acadêmico, bastante sábio, e não é a filosofia pop ou a análise pop com que sonhamos".] Gilles Deleuze, *Pourparlers 1972-1990*. Paris: De Minuit, 1990.

pois tira da zona de conforto; onde filosofar implica a perseguição e o vilipêndio. Nessa medida, os filósofos miméticos, imitadores de europeus, não gostam de Deleuze; ele é livre demais, e sua liberdade, mais que a genialidade que se usa para elogiá-lo, não pode ser negada, sendo objeto de inveja e medo. O devir livre dessa filosofia que busca o fora, que age pensando o fora, de fora e por fora, é o devir da *"Pop'philosophie"*. Quiçá, num momento reconciliado da filosofia com a vida, ele possa representar o devir da filosofia como um todo.

A "filosofia pop" cria uma zona de respiração no sufocamento epistemológico da filosofia estatal, mimética, reprodutiva. É para isso que Deleuze aponta, é isso o que Deleuze faz, tendo a fuga como um estilo. O que ele chama de linhas de fuga se apresenta como caminho: "Um signo ou um grupo de signos se destaca da rede circular irradiante, começa a trabalhar por sua conta, a correr em linha reta, como se adentrasse em uma estreita via aberta".[5] O estilo aparece, mas sem dedução.

A linha de fuga produz o estilo como algo não programável. O estilo é justamente algo da ordem da inexistência que, no entanto, existe. Como uma "linha de fuga", algo que escapa. O estilo existe, sem que esteja. Trata-se de uma marca, uma materialidade linguística. Talvez a impressão mais profunda do ente existente, de quem se é, como uma imagem que se revela a partir de um negativo fotográfico. Algo que precisa ser dito *via negationis*. Estava lá, mas não

---

[5] Gilles Deleuze e Félix Guattari, *Mil platôs, v. 2.: Capitalismo e esquizofrenia*. 2ª ed. Trad. de Ana Lúcia de Oliveira e Lúcia Cláudia Leão. São Paulo: Editora 34, 2012.

estava ainda, até que, tendo vindo à tona, não perdeu o seu fantasma, aquilo que está presente, embora não exista, enquanto, ao mesmo tempo, resta como um traço imaginário, como rastro de movimento. O estilo é o contrário do fantasma ou o que vai além dele. Ele corresponde ao problema do existir e do não existir de qualquer coisa. No intervalo, na ontológica corda bamba sobre o abismo que a vida é, o estilo é o desejo que se equilibra.

Escrevo permitindo que a linha de fuga do pensamento se expanda; ao mesmo tempo, observo seu desenrolar sem pressa, tentando conter a projeção do movimento, evitando cair no puro fluxo dos conceitos e das palavras que os expressam. Segurando a linha de fuga para que não escape. Escrever é estender a linha de fuga – ou a corda – ao outro lado do abismo para poder andar sobre ela. Meu escrito é um experimento, assim como a leitura é um experimento, ou melhor, uma aventura na intensidade. Penso em Deleuze falando de conceitos que poderiam ser experimentados como intensidades, peno nas intensidades que não se curvam à logica tradicional. Sigo na minha, preocupada com o existir e o inexistir, percebendo que há livros não escritos que nascem das leituras intensas e que, ao tentar escrever sobre isso, resta apenas o silêncio, ele mesmo uma linha de fuga. Novas linhas de fuga se projetam enquanto escrevo, do mesmo modo que devem surgir para quem lê esse texto. Elas estão onde não acompanhamos o texto, onde, lendo, temos vontade de pensar, onde surge um texto não escrito em nossa mente.

Penso que inexistir é uma possibilidade que assombra a existência, categoria filosófica atualmente fora de moda, tendo, no entanto, feito muito sucesso há menos de um século com a filosofia existencialista. Já não conseguimos ser existencialistas, somos muito mais inexistencialistas – ou seja, nos damos melhor com o que não somos, pelo menos os que permanecem lúcidos diante do furor tecnológico que se apodera da vida humana, paixão robotizante que condena a espécie em seu momento de angústia ecologista, causada pelo que, em outro trabalho, venho chamando *patrirracial-capacitalismo* (patriarcado + racismo + capitalismo + capacitismo), o sistema de opressão produtor de sofrimento.

Ora, se o estilo é o que existe não existindo, ou seja, sendo algo de negativo, no entanto, ele não é absolutamente negativo. A filosofia pop é a ausência de estilo entregue à linha de fuga. O negativo é algo que só existe por oposição a algo positivo, ou seja, organizável, codificável, imitável. Com o estilo, com sua negatividade, as coisas não são assim. Talvez o estilo seja algo da ordem do "não-idêntico", para usar a terminologia de Theodor W. Adorno, ou de um *dis-positivo*, lembrando o termo de Foucault, usado para explicar como funciona o poder existente que, mesmo estando presente, arcabouço a partir do qual tudo se estabelece, não se apresenta destacado como um ente existente, pois está no lugar do próprio ser. Sendo da ordem do *dis-positivo*, o poder é aquilo que estrutura tudo, de modo invisível. Contudo, o estilo não é o poder, ele é o ser que não é, embora seja ao escapar do poder e ao competir com ele.

Ora, o estilo parece ser algo que se expressa no ser, que nele irrompe, desfazendo-o enquanto o faz, desconstruindo-o enquanto o produz. Intervalo e penumbra, o estilo é a instância onde os devires acontecem. Os devires sempre são apenas e não mais que possíveis, ou seja, estão envoltos em *des-possíveis*, que implicam *im-possíveis*, em meio aos quais surgem os acontecimentos. O acontecimento está envolto em *des-acontecimentos*, ou seja, em negatividades, que, se as lançamos na reflexão sobre a consciência mediadora de afetos, nos levam ao desamparo ou à loucura. O desamparo nada mais é do que o abandono à própria solidão sem ter onde se segurar. Não teremos mais a chance para explicação que até o momento nos manteve de pé. E o abandono é estar só, é não poder ser bando, ou seja, é não poder ser uma multiplicidade, como diz Deleuze. É toda uma dança das águas heraclitianas, aquelas nas quais não podemos nos banhar duas vezes, aquelas que não voltam mais, o que se coloca para nós no desamparo e no abandono que definem a experiência de existir, alegre e triste ao mesmo tempo.

Deleuze entendeu que o estilo é o que passa por esse movimento perpétuo de instabilidade que a vida é. O estilo é o que dá uma fala à vida. Enquanto "agenciamento de enunciação", estilo é algo de bruto que surge no dizer, é o que tem que ser dito, embora não seja um dizer preparado, algo que não se pode copiar, o que não se pode dominar, o elemento não administrável no processo da linguagem que é como a vida e com ela se confunde como na imagem da banda de Moebius da geometria descritiva. O estilo está fora da identidade, não corresponde a nada que se possa repetir, compreender ou explicar.

Conseguir gaguejar em sua própria língua, como Deleuze diz, é um estilo. Mais que na língua, Deleuze fala em gaguejar na própria linguagem, ou seja, na própria existência, que pode ser compreendida como linguagem, o que implica revirar a totalidade na qual línguas podem existir e, certamente, na qual o pensamento pode acontecer. Deixar o inexistente irromper no existente, entender o *des-existente* e o *des-inexistente* em que somos ao não sermos. Afinal, somos alguma coisa apreensível negativamente na sua apresentação mais evidente – a saber, a prova de que estamos mesmo não sendo, isto é, de que existimos no estilo.

Ser como um estrangeiro na própria língua, é isso o que Deleuze quer dizer com a transformação da "gagueira" em categoria. Em *Crítica e clínica*,[6] a gagueira aparece como a ação dos escritores que criam uma língua estrangeira, uma língua que não preexiste dentro da sua própria, da língua maior. Para Deleuze, há um ato de "minorar" a língua, que não significa diminui-la, nem infantilizá-la, mas devolvê-la ao seu devir criança. Eis onde fica a gagueira, no compasso dos devires que aparecerão como estilo. Eis o que é a "infância" tal como compreendia Lyotard, como um "devir sempre contemporâneo", não como "um eu", mas como "cosmos", "não uma recordação", mas um "movimento que arrasta a língua" e "traça um limite sempre repelido da linguagem".[7] Deleuze fala uma linguagem tão encantadora quanto difícil e que exige, como uma obra de arte, a aceitação dos leitores. Um mínimo de imaginação socorre o ser que se coloca em presença, enquanto todo corpo é linguagem.

Mais do que tornar único um corpo, o estilo é o que faz um corpo ser o que ele é em estado de presença. Um corpo não preexiste ao estilo. O estilo é a linha da presença de uma obra

---

6 Gilles Deleuze, *Crítica e clínica*. Trad. de Peter Pál Pelbert. São Paulo: Editora 34, 1997.
7 "Gaguejou". In: Ibid., p. 129.

de arte, de um livro, de um conceito. Talvez o estilo seja o que Simone de Beauvoir chamava de ser em atos. O todo do acontecimento que se dá a ver. O estilo aparece no corpo, na letra, na materialidade. O estilo é o que vem com a gagueira, é o que escapa, é o que interrompe o ritmo, o que não deveria estar ali, o que aparece sem que se possa evitar sua aparição. O estilo é o sintoma. A gagueira coloca a língua numa fuga rizomática, ou seja, a liberdade das mil direções, o perpétuo desequilíbrio.

Ora, quando se fala de filosofia, parece evidente que sua redução às instituições e burocracias interrompe o fluxo do devir e, portanto, o surgimento do estilo. Uma expressão que podemos debater à exaustão, mas que, mesmo assim, pode traduzir um sentimento comum, a saber, o pensamento livre. O que Deleuze propõe como o "fora" é a liberdade espacial das prisões acadêmicas e epistemológicas. O pensamento livre é um clichê; não há, a rigor, pensamento livre dos pensamentos que circulam no mundo. Não há pensamento livre da linguagem e, nesse caso, libertar o pensamento implica libertar a linguagem.

PARA ALÉM DA
FILOSOFIA BANCÁRIA

É preciso ainda lembrar que a expressão *"pop'philosophie"* nunca foi explicada de maneira muito direta por Deleuze. Ele buscava romper com o exercício tradicional da filosofia por perceber os limites do pensamento que tomaria sua imagem emprestada do Estado.[1] Assim como a educação poderia funcionar à maneira de um banco, como vemos em Paulo Freire,[2] a filosofia estatal poderia ser vista como uma "filosofia bancária", em que estudantes de filosofia seriam depositários de conteúdos, agentes da burocracia e das hierarquizações, e não sujeitos de uma experiência de pensamento necessariamente dialógica, seja com os textos do passado

---

1   Gilles Deleuze e Claire Parnet, *Diálogos*. Trad. de Eloisa Araújo Ribeiro. São Paulo: Escuta, 1998, p. 21.
2   Paulo Freire, *Pedagogia do oprimido*. 1ª ed. Rio de Janeiro: Paz e Terra, 1974.

seja com obras ou pessoas que são contemporâneas a esse suposto "sujeito dialógico".

Do mesmo modo que Freire sustenta o diálogo como forma necessária da educação, ele é a forma da filosofia que, distante da sua natureza dialógica, pode cair num processo solipsista. Ou seja, começar a girar em torno de si mesma, comprazer-se nos seus jogos de linguagem autorreferenciais e se separar da vida. Deleuze buscava o fora da filosofia, assim como Nietzsche e, na verdade, todos os pensadores não metafísicos que não se preocuparam em ser professores de uma certa história da filosofia institucional.

Deleuze nos ajuda a abordar os limites do jogo de linguagem da filosofia tradicional, do jargão filosófico acadêmico, com sua reserva de "mercado" no contexto de instituições que, em última instância, são instituições de poder controladoras do pensamento e da linguagem. A reserva de mercado é também reserva do pensamento, limitado e controlado para sustentar instituições ou, em última instância, para sustentar poderes. De fato, a instituição acadêmica disputa espaço e poder com outras instituições que também tentam controlar o pensamento pelo discurso, estabelecendo a ideia de um "discurso verdadeiro", no contexto do que Barbara Cassin chamou de "efeito sofístico",[3] pelo qual se entende que a filosofia em seu nascedouro socrático tentou apagar os sofistas e assim a retórica, o caráter de texto do pensamento, o caráter literário e criador (antes de descobridor) de sujeito

---

3   Barbara Cassin, *O efeito sofístico: Sofística, filosofia, retórica, literatura*. São Paulo: Editora 34, 2005.

do pensamento. Cassin coloca sua leitura dos sofistas contra a negação da sofística que, em certo sentido, criou a reserva de mercado da filosofia.

Contudo, no caso da história da filosofia como efeito repressor, não é mais a filosofia contra a sofística, nem mais a filosofia contra a tragédia, como apontava Nietzsche, ou contra a religião, como fizeram tantos filósofos – como Ludwig Feuerbach, no século XIX –, mas é a filosofia contra a própria filosofia o que vemos surgir. Se Deleuze propõe a filosofia pop como um "agenciamento de enunciação" e como um "estilo", definido enquanto uma capacidade de "gaguejar" ou de ser "estrangeiro na própria língua", ele abre caminhos dentro da filosofia que, reduzida ao Estado da História da Filosofia, com seus três poderes (criar sistemas rígidos; administrar o patriarcado para que se sustente como tal; julgar os pares para evitar dissidentes), com seu sistema hierárquico militar, no qual homens brancos dominam (como na maior parte das faculdades de filosofia do mundo), impede a criação.

UMA FILOSOFIA VIVA

A filosofia pop tem algo de experimental nos seus processos de construção da filosofia: o valor da experimentação. Ao mesmo tempo, me parece fundamental afirmar, contra um mero e leviano experimentalismo, um compromisso de outra natureza com o que tomo como filosofia com prática crítica.

Vamos tomar o pop' como linha de fuga e passear nela. Vale a pena voltar às palavras de Deleuze quando, ao falar de livros que deveriam ser lidos como se escuta música, vê-se um filme ou programa de televisão, ele fala da filosofia pop: "Não há questão alguma de dificuldade nem de compreensão: os conceitos são exatamente como sons, cores ou imagens, são intensidades que lhes convêm ou não, que passam ou não passam. *Pop'filosofia*. Não há nada a compreender, nada a interpretar".[1] Laurent de Sutter entende que "No sintagma *'filosofia*

---

1   Gilles Deleuze e Claire Parnet, *Diálogos*. Trad. de Eloisa Araújo Ribeiro. São Paulo: Escuta, 1998, p. 12.

pop', não é a palavra 'filosofia' o que mais importa, mas sim a palavra 'pop'".[2] Em seu livro a respeito do conceito deleuziano, ele fala do "pop'" como a "estilística do vale tudo" ("*n'importe quoi*"). "Pop" seria um ruído que não faz sentido e, segundo ele, nenhuma tentativa de se concentrar na emergência da arte e da cultura pop poderia esperar esgotá-lo. De fato, o que chamamos hoje de filosofia pop não faria nenhum sentido no passado, pois não havia pop art antes dos anos 1960. A filosofia pop se apresenta como uma filosofia do presente, possível apenas tendo em vista o tempo histórico.

Para Sutter, o "vale tudo" do "pop'", com a apóstrofe que implica "*philosophie*", não pretende ser "nem pop, nem cool, nem *funky*". Para ele, a apóstrofe implica um começo que "põe em causa tudo o que vai do pop ao cool e ao *funky*". O que ele chama de "*n'importe quoi*" é o oposto absoluto do pop, no sentido daquilo que é "cool". Ele fala do pop no sentido de "*straight*", o que é direto e reto, o que é pontiagudo, uma palavra elétrica, pois, segundo ele, as conexões elétricas também existem nos espaços esquecidos pelo brilho e pela purpurina. O que Sutter está buscando é mostrar que o termo pop se tornou polifônico; que Deleuze não está elogiando a indústria cultural com suas teorias prontas e jargões prontos para serem repetidos massivamente. Talvez ele queira dizer que a filosofia pop não é a publicidade intelectual ou a filosofia alegrinha dos mistificadores profissionais. Sutter diz que "o estilo pop'filosófico pode muito bem ser o estilo do esfarrapado, do bocejo da fome, do campo de refu-

---

2   Laurent de Sutter, *Qu'est-ce que la pop'philosophie?* Paris: PUF, 2019.

giados, do solitário sem imaginação – o estilo pobre e extinto, o estilo 'sóbrio'". Ou seja, se esse conceito de "não importa o quê" faz sentido, ele diz menos das filosofias espetaculosas, que aderem ao espetáculo, a performance dos "filósofos" sensacionalistas e midiáticos, e mais do fluxo deleuziano do pensamento que se transubstancia em linhas de fuga que se mostram nos instantes não catalogados da vida.

A diferença criada na tradução de *"Pop'philosophie"* para "filosofia pop", mediada pela forma de dizer "arte pop" a partir de "pop art", pode parecer desimportante ou, com menos má vontade, algo sutil demais. Contudo, ela nos ajuda a entender a inflexão de Deleuze. O prefixo pop' designa um acontecimento que irrompe, vindo a ser um fato do pensamento. O pop implica uma filosofia da filosofia, em vez da mera popularização da história da filosofia ou dos temas e problemas criados pelos filósofos na história ocidental, mesmo que essa história seja pensada como um grande diálogo cheio de momentos interessantes em termos epistemológicos, lógicos, éticos, estéticos ou políticos. O prefixo pop', com apóstrofe e agregado à palavra "filosofia" ("pop'filosofia"), implica uma leitura de mundo da qual a história da filosofia faz parte, uma leitura que se dá relativamente aos problemas que uma vida pensante ou a mera vida quando pensada coloca a quem faz a experiência do pensamento, tendo em vista que, como se vê em Deleuze, trata-se mais de estar atento a intensidades do que explicar o mundo por meio de um sistema.

Implicada em um "devir-filosofia", a filosofia pop seria o desejo de pensar para além da análise da história da filosofia que se faz nos ambientes acadêmicos, mesmo que esse modo de fazer filosofia também entrasse no fluxo geral do pensar.

Deleuze estava falando de um limite da filosofia institucional e da urgência de compreender essa instituição, se pretendêssemos continuar a pensar e, quem sabe, conquistar a chance de uma filosofia viva.

REFERÊNCIAS BIBLIOGRÁFICAS

ADORNO, Theodor W. "Sobre sujeito e objeto". In: *Palavras e sinais: Modelos críticos 2*. Trad. de Maria Helena Ruschel; supervisão de Álvaro Valls. Petrópolis: Vozes, 1995.

ADORNO, Theodor W.; HORKHEIMER, Max. *Dialética do esclarecimento*. Trad. de Guio de Almeida. Rio de Janeiro: Jorge Zahar, 1985.

ADORNO, Theodor W. *Dialética negativa*. Trad. de Marco Antonio Casanova. Rio de Janeiro: Jorge Zahar, 2009.

ADORNO, Theodor W. *Minima moralia*. Trad. de Luiz Eduardo Bicca. São Paulo: Ática, 1992.

BOURDIEU, Pierre. *A distinção: Crítica social do julgamento*. Trad. de Daniela Kern e Guilherme J. F. Teixeira. São Paulo: Edusp; Porto Alegre: Zouk, 2007.

CABRERA, Julio. *Diálogo/Cinema*. São Paulo: Senac, 2013.

CABRERA, Julio. *O cinema pensa: Uma introdução à filosofia através do cinema*. Rio de Janeiro: Rocco, 2006.

CASSIN, Bárbara. *O efeito sofístico: Sofística, filosofia, retórica, literatura*. Trad. de Ana Lúcia de Oliveira, Maria Cristina Franco Ferraz e Paulo Pinheiro. São Paulo: Editora 34, 2005.

DANTO, Arthur. *A transfiguração do lugar comum*. Trad. de Vera Pereira. São Paulo: Cosac Naify, 2005.

DANTO, Arthur. *Andy Warhol*. Trad. de Vera Pereira. São Paulo: Cosac Naify, 2012.

DANTO, Arthur. *O filósofo como Andy Warhol*. Revista ARS-ECA-USP, São Paulo, n. 4. Disponível em: http://www.cap.eca.usp.br/ars4/danto.pdf. Acesso em: 1º agosto 2024.

DEBORD, Guy. *A sociedade do espetáculo*. Trad. de Estela dos Santos Abreu. Rio de janeiro: Editora Contraponto, 2007.

DELEUZE, Gilles. "Carta a um crítico severo". In: *Conversações*. Trad. de Peter Pál Pelbart. São Paulo: Editora 34, 2013.

DELEUZE, Gilles. "Gaguejou". In: *Crítica e clínica*. Trad. de Peter Pál Pelbert. São Paulo: Editora 34, 1997.

DELEUZE, Gilles; GUATTARI, Félix. *Mil platôs, v. 2.: Capitalismo e esquizofrenia*. 2ª ed. Trad. de Ana Lúcia de Oliveira e Lúcia Cláudia Leão. São Paulo: Editora 34, 2012.

DELEUZE, Gilles. *Pourparlers 1972-1990*. Paris: De Minuit, 1990.

DELEUZE, Gilles; PARNET, Claire. *Diálogos*. Trad. de Eloisa Araújo Ribeiro. São Paulo: Escuta, 1998.

FEITOSA, Charles. *Explicando a filosofia com arte*. Rio de janeiro: Ediouro, 2004.

FEITOSA, Charles. "O que é isto: Filosofia Pop?" In: *Transversões: Ensaios de filosofia e pedagogia pop*. Rio de Janeiro: Circuito, 2023.

FEITOSA, Charles. "O que é isto: Filosofia Pop?" In: *Nietzsche e Deleuze*. Org. de Daniel Lins. Rio de Janeiro: Relume Dumará, 2001.

FREIRE, Paulo. *Pedagogia do oprimido*. 1ª ed. Rio de Janeiro: Paz e Terra, 1974.

KRACAUER, Siegfried. *O ornamento da massa*. Trad. de Carlos E. Machado e Marlene Holzhausen. São Paulo: Cosac Naify, 2009.

SUTTER, Laurent. *Qu'est-ce que la pop'philosophie?* Paris: PUF, 2019.

WARHOL, Andy. *A filosofia de Andy Warhol: De A a B e de volta a A*. Trad. de José Rubens Siqueira. Rio de Janeiro: Cobogó, 2008.

© Editora Nós, 2024
© Edições Sesc São Paulo, 2024
© Marcia Tiburi, 2024

DIREÇÃO EDITORIAL Simone Paulino
EDITOR Schneider Carpeggiani
EDITORA-ASSISTENTE Mariana Correia Santos
ASSISTENTE EDITORIAL Gabriel Paulino
PROJETO GRÁFICO Bloco Gráfico
ASSISTENTE DE DESIGN Lívia Takemura
PREPARAÇÃO Mariana Correia Santos, Schneider Carpeggiani
REVISÃO Gabriel Paulino
PRODUÇÃO GRÁFICA Marina Ambrasas
ASSISTENTE DE VENDAS Ligia Carla de Oliveira
ASSISTENTE DE MARKETING Mariana Amâncio de Sousa
ASSISTENTE ADMINISTRATIVA Camila Miranda Pereira

Texto atualizado segundo o novo
Acordo Ortográfico da Língua Portuguesa

Todos os direitos desta edição reservados
à Editora Nós e às Edições Sesc São Paulo

EDITORA NÓS
Rua Purpurina, 198 – cj. 21
Vila Madalena, São Paulo, SP
CEP 05435-030
www.editoranos.com.br

Sesc

SERVIÇO SOCIAL DO COMÉRCIO
Administração Regional no Estado de São Paulo

Presidente do Conselho Regional
Abram Szajman
Diretor Regional
Luiz Deoclecio Massaro Galina

Conselho Editorial
Carla Bertucci Barbieri
Jackson Andrade de Matos
Marta Raquel Colabone
Ricardo Gentil
Rosana Paulo da Cunha

Edições Sesc São Paulo
Gerente Iã Paulo Ribeiro
Gerente Adjunto Francis Manzoni
Editorial Cristianne Lameirinha
Assistente: Antonio Carlos Vilela
Produção Gráfica Fabio Pinotti
Assistente: Thais Franco

Edições Sesc São Paulo
Rua Serra da Bocaina, 570 – 11º andar
03174-000 – São Paulo SP Brasil
Tel.: 55 11 2607-9400
edicoes@sescsp.org.br
sescsp.org.br/edicoes
❋ ✕ ◉ ▶ /edicoessescsp

Dados Internacionais de Catalogação na Publicação (CIP)
de acordo com ISBD

T554p
Tiburi, Marcia
 Pop filosofia / Marcia Tiburi
 Editora Nós; Edições Sesc São Paulo, 2024.
 80 pp.
 Coleção Pop Filosofia; organizada por Marcia Tiburi.

ISBN 978-65-85832-52-6 [Editora Nós]
ISBN 978-85-9493-315-7 [Edições Sesc São Paulo]

1. Filosofia. I. Título. II. Série.

2024-2657   CDD 100 CDU 1

Elaborado por Vagner Rodolfo da Silva, CRB-8/9410

Índice para catálogo sistemático:
1. Filosofia 100
2. Filosofia 1

FONTES Tiempos, LargePoint
PAPEL   Pólen Bold 90 g/m²
GRÁFICA Margraf